Jasmin Putschbach

gRoß- uNd KlEiNsChReIbUnG automatisieren

Lernmaterial mit Lösungsteil

W0339984

1. Auflage 2020

Covergestaltung und -konzept: Clickcosmos | Fiverr

Jasmin Putschbach

Ringstraße 23

64395 Brensbach

Inhalt

Schon lange bin ich auf der Suche nach geeignetem Lernmaterial für die Groß- und Kleinschreibung. Besonders Texte, die komplett groß oder komplett klein geschrieben sind, sind meiner Ansicht nach geeignet, um die Groß- und Kleinschreibung zu automatisieren.

Automatisieren, was heißt das? Nun, es bedeutet, dass der Schüler bzw. die Schülerin in der Lage sein soll, die Groß- und Kleinschreibung unbewusst und auch unter Zeitdruck fehlerfrei umzusetzen.

Da ich solches Material nur bedingt gefunden habe, habe ich nun selbst welches erstellt.

Dieses Buch richtet sich an Lehrkräfte, Eltern und Schüler.

Durch die vorhandenen Lösungen kann der Lernerfolg schnell überprüft werden.

Ich wünsche Ihnen viel Erfolg beim Automatisieren der Groß- und Kleinschreibung.

„Bedienungsanleitung“

Bei den kleingeschriebenen Texten wird der jeweilige, großzuschreibende, Buchstabe einfach durchgestrichen und groß oben drübergeschrieben:

B **U**

~~b~~ernhard wachte heute schon um sechs ~~u~~hr auf. sonst schlief er immer bis um

Bei den großgeschriebenen Texten bietet es sich an, die Wörter, die kleingeschrieben werden müssen, zu unterstreichen.

Im Anschluss kann bei Bedarf der gesamte Text noch einmal korrekt abgeschrieben werden.

BERNHARD WACHTE HEUTE SCHON UM SECHS UHR AUF. SONST SCHLIEF ER IMMER BIS UM ACHT. „WARUM BIN ICH DENN SO FRÜH WACH?“, FRAGTE ER SICH. KEIN WUNDER, ER HATTE DEN HAHN GEHÖRT, DEN DIE NEUEN NACHBARN HATTEN. „SO SO, DA MUSS ICH MICH DOCH BESCHWEREN, SONST WACHE ICH JETZT IMMER SO FRÜH AUF!“, SAGTE ER SICH. ALSO WARTETE ER, BIS NEBENAN DAS LICHT DIE FENSTER ERHELLTE, PUTZTE SEINE ZÄHNE UND ZOG SICH AN. ER GING ZU DEN NEUEN NACHBARN. „GUTEN TAG, ICH BIN BERNHARD DER BÄR.“, STELLTE ER SICH VOR. DIE NACHBARN, EIN JUNGES EHEPAAR, BEGRÜSSTEN IHN FREUNDLICH. „HALLO BERNHARD! ICH BIN JONAS UND DAS IST MEINE FRAU SOPHIA.“, STELLTEN SICH DIE NEUEN NACHBARN VOR. GERADE WOLLTE BERNHARD SICH ÜBER DEN HAHN BESCHWEREN, DA KAM IHM JONAS ZUVOR: „WIR WOLLEN GERADE FRÜHSTÜCKEN. KOMM DOCH HEREIN UND FRÜHSTÜCKE MIT UNS! ES IST GENUG DA.“. DA KONNTE BERNHARD NICHT WIDERSTEHEN. ER GING HINEIN ZU JONAS UND SOPHIA UND SIE UNTERHIELTEN SICH DEN GANZEN MORGEN. ERST GEGEN HALB ZWÖLF MACHTE SICH BERNHARD DER BÄR AUF DEN HEIMWEG. ES WAR EIN GELUNGENES FRÜHSTÜCK.

bernhard wachte heute schon um sechs uhr auf. sonst schlief er immer bis um acht. „warum bin ich denn so früh wach?“, fragte er sich. kein wunder, er hatte den hahn gehört, den die neuen nachbarn hatten. „so so, da muss ich mich doch beschweren, sonst wache ich jetzt immer so früh auf!“, sagte er sich. also wartete er, bis nebenan das licht die fenster erhellte, putzte seine zähne und zog sich an. er ging zu den neuen nachbarn. „guten tag, ich bin bernhard der bär.“, stellte er sich vor. die nachbarn, ein junges ehepaar, begrüssten ihn freundlich. „hallo bernhard! ich bin jonas und das ist meine frau sophia.“, stellten sich die neuen nachbarn vor. gerade wollte bernhard sich über den hahn beschweren, da kam ihm jonas zuvor: „wir wollen gerade frühstücken. komm doch herein und frühstücke mit uns! es ist genug da.“. da konnte bernhard nicht widerstehen. er ging hinein zu jonas und sophia und sie unterhielten sich den ganzen morgen. erst gegen halb zwölf machte sich bernhard der bär auf den heimweg. es war ein gelungenes frühstück.

ES WAR EINMAL EIN KLEINER FISCH. ER HATTE KEINEN NAMEN. DAS WAR FRUSTRIEREND FÜR IHN, DENN ALLE ANDEREN FISCHE IN SEINEM BECKEN HATTEN EINEN NAMEN. KARL, SUSI, JENNY UND SO WEITER. NUR ER, DER KLEINE FISCHE, HATTE KEINEN.

DER KLEINE FISCH LANGWEILTE SICH SEHR. DAS BECKEN, IN DEM ER LEBTE, KANNTE ER SCHON AUSWENDIG. JEDE NOCH SO KLEINE ECKE KANNTE ER.

ER AHNTE NOCH NICHT, DASS ER BALD UMZIEHEN WÜRDE.

EINES TAGES KAM EIN JUNGE AN DAS BECKEN, MAN KONNTE IHN DURCH DAS GLAS SEHEN. ER HATTE EIN NETZ DABEI. DA BEKAM DER KLEINE FISCH ES MIT DER ANGST ZU TUN. WOLLTE MAN IHN ETWA FANGEN? UND WOMÖGLICH ESSEN?

DOCH DER JUNGE GAB NICHT AUF, IMMER WIEDER VERSUCHTE ER, DEN KLEINEN FISCH ZU ERWISCHEN. UND DANN, EINE HALBE STUNDE SPÄTER, HATTE ER IHN.

DER KLEINE FISCH WURDE IN EINE TÜTE MIT WASSER GEGEBEN.

DANN WURDE ES DUNKEL FÜR DEN KLEINEN FISCH.

EINE STUNDE SPÄTER DRANG WIEDER LICHT DURCH DIE PLASTIKTÜTE. WOW, WAR DAS EIN GROSSES BECKEN DA VORNE! UND TATSÄCHLICH, DER KLEINE FISCH WURDE IN DAS GROSSE BECKEN UMGESIEDELT. UND DANN, DER KLEINE FISCH KONNTE SEIN GLÜCK KAUM FASSEN, SAGTE DER JUNGE: „DICH NENNE ICH HERBERT!“

es war einmal ein kleiner fisch. er hatte keinen namen. das war frustrierend für ihn, denn alle anderen fische in seinem becken hatten einen namen. karl, susi, jenny und so weiter. nur er, der kleine fische, hatte keinen.

der kleine fisch langweilte sich sehr. das becken, in dem er lebte, kannte er schon auswendig. jede noch so kleine ecke kannte er.

er ahnte noch nicht, dass er bald umziehen würde.

eines tages kam ein junge an das becken, man konnte ihn durch das glas sehen. er hatte ein netz dabei. da bekam der kleine fisch es mit der angst zu tun. wollte man ihn etwa fangen? und womöglich essen?

doch der junge gab nicht auf, immer wieder versuchte er, den kleinen fisch zu erwischen. und dann, eine halbe stunde später, hatte er ihn.

der kleine fisch wurde in eine tüte mit wasser gegeben.

dann wurde es dunkel für den kleinen fisch.

eine stunde später drang wieder licht durch die plastiktüte. wow, war das ein grosses becken da vorne! und tatsächlich, der kleine fisch wurde in das grosse becken umgesiedelt. und dann, der kleine fisch konnte sein glück kaum fassen, sagte der junge: „dich nenne ich herbert!“

BERNHARD SASS VOR DEM FERNSEHER. ER SCHAUTE GERADE DEN WETTERBERICHT. MORGEN SOLLTE EIN HEFTIGER STURM AUFZIEHEN. BERNHARD WAR FROH, DASS ER MORGEN NICHT AUS DEM HAUS MUSSTE. HEUTE WAR SAMSTAG UND DANN WAR JA MORGEN SONNTAG. ER GING INS BAD, PUTZTE SEINE ZÄHNE UND GING INS BETT. VOR DEM EINSCHLAFEN ZÄHLTE ER SCHAFE. EINS, ZWEI, DREI, VIER,... BERNHARD TRÄUMTE VON EINEM TAG IM ZOO. SOLLTE ER VIELLEICHT MORGEN DOCH AUS DEM HAUS, ZUM ZOO?

AM NÄCHSTEN MORGEN BESCHLOSS BERNHARD, DOCH ZUM ZOO ZU FAHREN. ER VERABREDET SICH DORT MIT LILLY, SEINER BESTEN FREUNDIN. ER FRÜHSTÜCKTE, ZOG SICH SEINEN REGENMANTEL AN UND NAHM DEN REGENSCHIRM MIT. SCHLIESSLICH SOLLTE ES STÜRMEN. UND TATSÄCHLICH. ES STÜRMTE UND STÜRMTE. ALS BERNHARD IM BUS SASS, ZÄHLTE ER DIE REGENTROPFEN AN DER FENSTERSCHEIBE.

IM ZOO ANGEKOMMEN, SAH ER LILLY. SIE WAR SCHON GANZ NASS, SODASS BERNHARD IHR ANBOT, MIT UNTER SEINEN SCHIRM ZU KOMMEN. SIE LIEFEN ZUSAMMEN DURCH DEN ZOO. DOCH DANN PLÖTZLICH FLOG DER SCHIRM WEG. OHJE. WAS SOLLTEN SIE NUN MACHEN? IM ZOO WAR NICHTS ÜBERDACHT! SIE LIEFEN ZUR BUSHALTESTELLE ZURÜCK UND WARTETEN, BIS DER BUS KAM. BEI DIESEM WETTER WOLLTEN SIE NUN DOCH LIEBER WIEDER ZURÜCK NACH HAUSE.

bernhard sass vor dem fernseher. er schaute gerade den wetterbericht. morgen sollte ein heftiger sturm aufziehen. bernhard war froh, dass er morgen nicht aus dem haus musste. heute war samstag und dann war ja morgen sonntag. er ging ins bad, putzte seine zähne und ging ins bett. vor dem einschlafen zählte er schafe. eins, zwei, drei, vier,… bernhard träumte von einem tag im zoo. sollte er vielleicht morgen doch aus dem haus, zum zoo?

am nächsten morgen beschloss bernhard, doch zum zoo zu fahren. er verabredet sich dort mit lilly, seiner besten freundin. er frühstückte, zog sich seinen regenmantel an und nahm den regenschirm mit. schliesslich sollte es stürmen. und tatsächlich. es stürmte und stürmte. als bernhard im bus sass, zählte er die regentropfen an der fensterscheibe.

im zoo angekommen, sah er lilly. sie war schon ganz nass, sodass bernhard ihr anbot, mit unter seinen schirm zu kommen. sie liefen zusammen durch den zoo. doch dann plötzlich flog der schirm weg. ohje. was sollten sie nun machen? im zoo war nichts überdacht! sie liefen zur bushaltestelle zurück und warteten, bis der bus kam. bei diesem wetter wollten sie nun doch lieber wieder zurück nach hause.

MR. SCHNUFFI LANGWEILTE SICH. DRAUSSEN WAR SCHLECHTES WETTER. ES REGNETE UND STÜRMTE. ER BLIEB ALSO ERST EINMAL DRINNEN. PLÖTZLICH HÖRTE ER EIN GERÄUSCH. WAS WAR DAS? WAR DAS ETWA EINE MAUS? MR. SCHNUFFI STAND AUF UND FOLGTE DEM GERÄUSCH. DA, HINTER DER KOMMODE, DA MUSSTE DIE MAUS SEIN! MR. SCHNUFFI WARTETE GEDULDIG. ES LAUERTE, OB SICH DENN DIE MAUS EINMAL ZEIGEN WÜRDE. EINE STUNDE STAND ER DA UND WARTETE. ER KONNTE DIE MAUS HÖREN, ABER SIE ZEIGTE SICH EINFACH NICHT. DOCH PLÖTZLICH RANNTE DIE MAUS LOS. SIE RANNTE SCHNELL AN IHM VORBEI. DOCH AUCH MR. SCHNUFFI WAR SCHNELL. ER DREHTE SICH UM UND RANNTE DER MAUS HINTERHER. SIE RANNTE UNTER DAS BETT. DOCH AUCH DORT KONNTE MR. SCHNUFFI IHR FOLGEN. UND DANN, KURZ BEVOR DIE MAUS SICH HINTER EINEM KLEIDERSCHRANK VERSTECKEN KONNTE, ERWISCHTE MR. SCHNUFFI DIE MAUS. „BITTE LIEBER KATER, LASS MICH AM LEBEN!“, FLEHTE DIE MAUS. MR. SCHNUFFI WOLLTE JEDOCH NUR MIT DER MAUS SPIELEN. ER WAR NOCH SO SATT VON DEM ESSEN, DAS IHM SEIN FRAUCHEN IMMER GAB. ER LIESS DIE MAUS FALLEN UND VERSUCHTE ERNEUT, SIE ZU FANGEN. DOCH DA WAR ES ZU SPÄT, DIE MAUS WAR HINTER DEM KLEIDERSCHRANK.

mr. schnuffi langweilte sich. draussen war schlechtes wetter. es regnete und stürmte. er blieb also erst einmal drinnen. plötzlich hörte er ein geräusch. was war das? war das etwa eine maus? mr. schnuffi stand auf und folgte dem geräusch. da, hinter der kommode, da musste die maus sein! mr. schnuffi wartete geduldig. es lauerte, ob sich denn die maus einmal zeigen würde. eine stunde stand er da und wartete. er konnte die maus hören, aber sie zeigte sich einfach nicht. doch plötzlich rannte die maus los. sie rannte schnell an ihm vorbei. doch auch mr. schnuffi war schnell. er drehte sich um und rannte der maus hinterher. sie rannte unter das bett. doch auch dort konnte mr. schnuffi ihr folgen. und dann, kurz bevor die maus sich hinter einem kleiderschrank verstecken konnte, erwischte mr. schnuffi die maus. „bitte lieber kater, lass mich am leben!“, flehte die maus. mr. schnuffi wollte jedoch nur mit der maus spielen. er war noch so satt von dem essen, das ihm sein frauchen immer gab. er liess die maus fallen und versuchte erneut, sie zu fangen. doch da war es zu spät, die maus war hinter dem kleiderschrank.

BERNHARD WAR SCHON SEHR AUFGEREGT. MORGEN WÜRDEN SIE MIT DER SCHULE EINEN AUSFLUG MACHEN. BERNHARD VERSUCHTE BEREITS SEIT EINER STUNDE EINZUSCHLAFEN. DOCH ES FUNKTIONIERTE NICHT. ZU SEHR FREUTE ER SICH AUF DIE WANDERUNG MIT SEINER KLASSE AM NÄCHSTEN TAG. „MAMA BÄR, ICH KANN NICHT EINSCHLAFEN!“, SAGTE BERNHARD ZU SEINER MAMA. „ICH MACHE DIR EINE HEISSE SCHOKOLADE UND LESE DIR NOCH EINE GESCHICHTE VOR, IN ORDNUNG?“, ANTWORTETE MAMA BÄR. UND SO TRANK BERNHARD SEINE HEISSE SCHOKOLADE UND ALS SEINE MAMA IHM DIE GESCHICHTE VORLAS, SCHLIEF ER TIEF UND FEST EIN.

AM NÄCHSTEN MORGEN WACHTE BERNHARD VON ALLEIN AUF. DAS WAR SONST NIE DER FALL. SONST MUSSTE ER IMMER GEWECKT WERDEN. DER SCHULAUSFLUG! SCHNELL ZOG BERNHARD SICH UM UND GING ZUM FRÜHSTÜCK. ER PACKTE NOCH SCHNELL SEINE VERPFLEGUNG FÜR DEN TAG EIN UND GING LOS ZUR SCHULE. DORT ANGEKOMMEN FUHREN SIE IN EINEM BUS ZUM ZIELORT UND WANDERTEN ÜBER STUNDEN.

ABENDS KAM BERNHARD DER BÄR VÖLLIG ERSCHÖPFT WIEDER NACH HAUSE.

bernhard war schon sehr aufgeregt. morgen würden sie mit der schule einen ausflug machen. bernhard versuchte bereits seit einer stunde einzuschlafen. doch es funktionierte nicht. zu sehr freute er sich auf die wanderung mit seiner klasse am nächsten tag. „mama bär, ich kann nicht einschlafen!“, sagte bernhard zu seiner mama. „ich mache dir eine heisse schokolade und lese dir noch eine geschichte vor, in ordnung?“, antwortete mama bär. und so trank bernhard seine heisse schokolade und als seine mama ihm die geschichte vorlas, schlief er tief und fest ein.

am nächsten morgen wachte bernhard von allein auf. das war sonst nie der fall. sonst musste er immer geweckt werden. der schulausflug! schnell zog bernhard sich um und ging zum frühstück. er packte noch schnell seine verpflegung für den tag ein und ging los zur schule. dort angekommen fuhren sie in einem bus zum zielort und wanderten über stunden.

abends kam bernhard der bär völlig erschöpft wieder nach hause.

MELISSA WAR NEUGIERIG. HEUTE WÜRDE SIE ZUM ERSTEN MAL MIT DEM ZUG FAHREN. SIE WÜRDE ZU OMA ELSBETH NACH HAMBURG FAHREN. IHRE MUTTER BEGLEITETE MELISSA BIS NACH FRANKFURT AN DEN BAHNHOF. DORT GINGEN SIE ZU EINEM FAHRKARTENAUTOMATEN. MELISSAS MUTTER ZOG EINE FAHRKARTE FÜR DIE STRECKE VON FRANKFURT NACH HAMBURG. DANN BEGLEITETE SIE MELISSA ZUM GLEIS 8. DORT WARTETEN SIE. DANN KAM DER ZUG ANGEFAHREN. MELISSA WAR GANZ AUFGEREGT. IHRE MUTTER SAGTE, DASS SIE NUN EINSTEIGEN KÖNNE. MELISSA HATTE EINEN SCHWEREN KOFFER DABEI. SIE HATTE ALLES EINGEPACKT, WAS SIE IN DEN NÄCHSTEN ZWEI WOCHEN GEBRAUCHEN KONNTE. MELISSAS MUTTER HALF IHR MIT DEM GEPÄCK. IM ZUG SETZTE MELISSA SICH AUF EINEN FREIEN PLATZ. SIE WINKTE IHRER MUTTER ZU UND MUTTER WINKTE VON DRAUSSEN ZURÜCK. DANN FUHR DER ZUG LANGSAM LOS. MELISSA SAH DRAUSSEN DIE FELDER UND WIESEN VORBEIZIEHEN. UND DER ZUG WURDE IMMER SCHNELLER. IN MELISSAS ABTEIL WAREN NOCH MEHR KINDER. DIE MEISTEN WAREN MIT IHREN ELTERN DA. SIE WAREN NOCH ZU KLEIN, UM ALLEIN MIT DEM ZUG ZU FAHREN. DANN ENTDECKTE MELISSA EINEN JUNGEN. ER SAH AUS, ALS SEI ER IN IHREM ALTER. OB SIE SICH TRAUEN SOLLTE, IHN ANZUSPRECHEN? „HALLO. ICH BIN MELISSA. UND WER BIST DU?“, FRAGTE SIE SCHLIESSLICH DEN JUNGEN. „ICH HEISSE TOM.“, ANTWORTETE DER JUNGE. UND SO UNTERHIELTEN SIE SICH DIE GANZE ZUGFAHRT ÜBER. MELISSA WURDE NIE LANGWEILIG.

melissa war neugierig. heute würde sie zum ersten mal mit dem zug fahren. sie würde zu oma elsbeth nach hamburg fahren. ihre mutter begleitete melissa bis nach frankfurt an den bahnhof. dort gingen sie zu einem fahrkartenautomaten. melissas mutter zog eine fahrkarte für die strecke von frankfurt nach hamburg. dann begleitete sie melissa zum gleis 8. dort warteten sie. dann kam der zug angefahren. melissa war ganz aufgeregt. ihre mutter sagte, dass sie nun einsteigen könne. melissa hatte einen schweren koffer dabei. sie hatte alles eingepackt, was sie in den nächsten zwei wochen gebrauchen konnte. melissas mutter half ihr mit dem gepäck. im zug setzte melissa sich auf einen freien platz. sie winkte ihrer mutter zu und mutter winkte von draussen zurück. dann fuhr der zug langsam los. melissa sah draussen die felder und wiesen vorbeiziehen. und der zug wurde immer schneller. in melissas abteil waren noch mehr kinder. die meisten waren mit ihren eltern da. sie waren noch zu klein, um allein mit dem zug zu fahren. dann entdeckte melissa einen jungen. er sah aus, als sei er in ihrem alter. ob sie sich trauen sollte, ihn anzusprechen? „hallo. ich bin melissa. und wer bist du?“, fragte sie schliesslich den jungen. „ich heisse tom.“, antwortete der junge. und so unterhielten sie sich die ganze zugfahrt über. melissa wurde nie langweilig.

BERNHARD WAR AUFGEREGT. HEUTE HATTE ER ZUM ERSTEN MAL HAUSAUFGABEN IN DER SCHULE AUFBEKOMMEN. OB ER DIE WOHL ALLEIN MACHEN KANN? ODER SOLLTE ER MAMA BÄR FRAGEN, OB SIE IHM HILFT?

BERNHARD BESCHLOSS, ES ERST EINMAL ALLEIN ZU VERSUCHEN. ER HATTE HAUSAUFGABEN IN MATHE. ZWEI PLUS EINS, DAS KONNTE ER LOCKER AUSRECHNEN. DOCH WAS WAR DENN NUN SIEBEN PLUS ZWEI? MMH... VOR BERNHARD AUF DEM TISCH LAGEN ÄPFEL. ER ZÄHLTE EINZELN: EINS, ZWEI, DREI, VIER, FÜNF, SECHS, SIEBEN. DANN ZÄHLTE ER WIEDER: EINS, ZWEI. NUN NAHM ER ALLE ÄPFEL UND ZÄHLTE SIE ZUSAMMEN: EINS, ZWEI, DREI, VIER, FÜNF, SECHS, SIEBEN, ACHT, NEUN. NEUN, NEUN WAR ALSO DIE ANTWORT. MIT HILFE DER ÄPFEL KONNTE BERNHARD ALLE AUFGABEN LÖSEN.

AM NÄCHSTEN TAG WURDE BERNHARD IN DER SCHULE VON SEINER MATHELEHRERIN GELOBT. ER HATTE ALLE AUFGABEN DER HAUSAUFGABEN RICHTIG BEANTWORTET.

bernhard war aufgeregt. heute hatte er zum ersten mal hausaufgaben in der schule aufbekommen. ob er die wohl allein machen kann? oder sollte er mama bär fragen, ob sie ihm hilft?

bernhard beschloss, es erst einmal allein zu versuchen. er hatte hausaufgaben in mathe. zwei plus eins, das konnte er locker ausrechnen. doch was war denn nun sieben plus zwei? mmh… vor bernhard auf dem tisch lagen äpfel. er zählte einzeln: eins, zwei, drei, vier, fünf, sechs, sieben. dann zählte er wieder: eins, zwei. nun nahm er alle äpfel und zählte sie zusammen: eins, zwei, drei, vier, fünf, sechs, sieben, acht, neun. neun, neun war also die antwort. mit hilfe der äpfel konnte bernhard alle aufgaben lösen.

am nächsten tag wurde bernhard in der schule von seiner mathelehrerin gelobt. er hatte alle aufgaben der hausaufgaben richtig beantwortet.

SVEN KAM HEUTE MIT EINEM SCHMERZENDEN FUSS AUS DER SCHULE. ER HATTE SICH BEIM SPIELEN VERLETZT. „DA MÜSSEN WIR ZUM ARZT UND DICH UNTERSUCHEN LASSEN.“, SAGTE SEINE MUTTER. SIE GINGEN ZUM AUTO. SVEN HUMPELTE.

BEIM ARZT ANGEKOMMEN, MUSSTEN SVEN UND SEINE MUTTER IM WARTEZIMMER PLATZ NEHMEN. SVEN LANGWEILTE SICH SCHRECKLICH. SO WARTETEN SIE NUN ÜBER EINE HALBE STUNDE. DOCH DANN WURDEN SIE AUFGERUFEN. SVEN HUMPELTE ZUM ARZTZIMMER.

DER ARZT SCHAUTE SICH DEN FUSS VON SVEN GENAU AN. „WAHRSCHEINLICH IST ER NUR VERSTAUCHT.“, SAGTE ER SCHLIESSLICH. DOCH ZUR SICHERHEIT SOLLTE SVEN NOCH GERÖNTGT WERDEN. DAZU MUSSTE ER INS KRANKENHAUS.

SIE FUHREN NUN ALSO ZUM KRANKENHAUS. NACHDEM SIE SICH DORT ANGEMELDET HATTEN, MUSSTEN SIE WIEDER EINE WEILE WARTEN. „MAMA, MIR IST LANGWEILIG!“, SAGTE SVEN ZU SEINER MUTTER. DOCH SCHLIESSLICH WURDEN SIE AUFGERUFEN UND SVEN WURDE GERÖNTGT.

„ES IST NICHTS GEBROCHEN.“, HÖRTE SVEN DIE ÄRZTIN NACH EINER GANZEN WEILE SAGEN. SO EIN GLÜCK. SVEN KONNTE WIEDER NACH HAUSE.

sven kam heute mit einem schmerzenden fuss aus der schule. er hatte sich beim spielen verletzt. „da müssen wir zum arzt und dich untersuchen lassen.“, sagte seine mutter. sie gingen zum auto. sven humpelte.

beim arzt angekommen, mussten sven und seine mutter im wartezimmer platz nehmen. sven langweilte sich schrecklich. so warteten sie nun über eine halbe stunde. doch dann wurden sie aufgerufen. sven humpelte zum arztzimmer.

der arzt schaute sich den fuss von sven genau an. „wahrscheinlich ist er nur verstaucht.“, sagte er schliesslich. doch zur sicherheit sollte sven noch geröntgt werden. dazu musste er ins krankenhaus.

sie fuhren nun also zum krankenhaus. nachdem sie sich dort angemeldet hatten, mussten sie wieder eine weile warten. „mama, mir ist langweilig!“, sagte sven zu seiner mutter. doch schliesslich wurden sie aufgerufen und sven wurde geröntgt.

„es ist nichts gebrochen.“, hörte sven die ärztin nach einer ganzen weile sagen. so ein glück. sven konnte wieder nach hause.

HEUTE WÜRDE ES EIN SCHÖNER TAG WERDEN. BERNHARD WÜRDE MIT MAMA BÄR EINKAUFEN GEHEN. SO RICHTIG IN DER STADT. BERNHARD WÜRDE SICH HEUTE SOGAR EIN GESCHENK AUSSUCHEN DÜRFEN. VON UNTEN RIEF MAMA BÄR: „BERNHARD, KOMMST DU? ES IST SCHON ELF UHR UND WIR WOLLEN LOSFAHREN.“ BERNHARD MUSSTE SICH NUN BEEILEN. SCHNELL ZOG ER SEINE SCHUHE AN.

AUF DER FAHRT IN DIE STADT WAR BERNHARD VOLLER ERWARTUNGEN. ER DÖSTE VOR SICH HIN ODER HÖRTE MUSIK MIT SEINEN KOPFHÖRERN. UM ZWÖLF UHR WAR ES SOWEIT. SIE FUHREN IN EIN PARKHAUS. DORT ANGEKOMMEN, STIEGEN SIE AUS UND LIEFEN DIE TREPPEN HOCH IN DIE STADT. ÜBERALL WAREN GESCHÄFTE. BERNHARD SAH EINE SCHÖNE SACHE NACH DER ANDEREN. „DARF ICH MIR HIER ETWAS AUSSUCHEN?“, FRAGTE BERNHARD. ER STAND VOR EINEM SPIELWARENGESCHÄFT. „NATÜRLICH.“, ANTWORTETE MAMA BÄR. DAS HATTE MAMA BÄR IHM SCHLIESSLICH VERSPROCHEN.

BERNHARD KONNTE SICH KAUM ENTSCHEIDEN. DOCH SCHLIESSLICH WUSSTE ER, WAS ER WOLLTE. EIN FERNGESTEUERTES AUTO SOLLTE ES SEIN. „WOW!“, RIEF BERNHARD. ER WAR BEGEISTERT.

BERNHARD UND MAMA BÄR SCHLENDERTEN NOCH EINE WEILE DURCH DIE STADT. SIE KAUFTEN NOCH ETWAS ZUM ANZIEHEN. NACHMITTAGS FUHREN SIE ZURÜCK. BERNHARD SCHLIEF GLÜCKLICH AUF DEM RÜCKWEG EIN.

heute würde es ein schöner tag werden. bernhard würde mit mama bär einkaufen gehen. so richtig in der stadt. bernhard würde sich heute sogar ein geschenk aussuchen dürfen. von unten rief mama bär: „bernhard, kommst du? es ist schon elf uhr und wir wollen losfahren.“ bernhard musste sich nun beeilen. schnell zog er seine schuhe an.

auf der fahrt in die stadt war bernhard voller erwartungen. er döste vor sich hin oder hörte musik mit seinen kopfhörern. um zwölf uhr war es soweit. sie fuhren in ein parkhaus. dort angekommen, stiegen sie aus und liefen die treppen hoch in die stadt. überall waren geschäfte. bernhard sah eine schöne sache nach der anderen. „darf ich mir hier etwas aussuchen?“, fragte bernhard. er stand vor einem spielwarengeschäft. „natürlich.“, antwortete mama bär. das hatte mama bär ihm schliesslich versprochen.

bernhard konnte sich kaum entscheiden. doch schliesslich wusste er, was er wollte. ein ferngesteuertes auto sollte es sein. „wow!“, rief bernhard. er war begeistert.

bernhard und mama bär schlenderten noch eine weile durch die stadt. sie kauften noch etwas zum anziehen. nachmittags fuhren sie zurück. bernhard schlief glücklich auf dem rückweg ein.

LISA HATTE GESTERN GEBURTSTAG GEFEIERT. IHRE TANTE HATTE IHR EIN BUCH GESCHENKT. „DER DRACHE VON ISTRILA" WAR DER TITEL. LISA LAS GERNE. SIE VERKROCH SICH DANN IMMER IN IHREM ZIMMER UND LAS. HEUTE WAR SONNTAG UND LISA HATTE NOCH NICHTS VOR. ALSO SCHNAPPTE SIE SICH DAS BUCH UND GING IN IHR ZIMMER. SIE LEGTE SICH AUF DAS BETT UND BEGANN ZU LESEN. SEITE FÜR SEITE LAS LISA NUN NACHEINANDER. ES WAR EIN SEHR SPANNENDES BUCH.

AM ABEND LAS LISA NOCH IMMER. ES WAR MITTLERWEILE SCHON DUNKEL GEWORDEN. IN LISAS ZIMMER BRANNTE NOCH IMMER LICHT. DA KAM IHR VATER HEREIN UND FRAGTE: „LISA, WILLST DU NICHT SO LANGSAM MIT DEM LESEN AUFHÖREN? MORGEN IST SCHULE".

DOCH LISA WOLLTE NICHT AUFHÖREN ZU LESEN. GEGEN 22 UHR KAM LISAS MUTTER ZUR ZIMMERTÜR HEREIN. „LISA, ES WIRD ZEIT INS BETT ZU GEHEN!", SAGTE SIE.

„NUR NOCH ZEHN MINUTEN!", ANTWORTETE LISA. LISA WAR SCHON AUF SEITE 468. NOCH ACHT SEITEN UND SIE WAR FERTIG. SIE MUSSTE UNBEDINGT NOCH HERAUSFINDEN, WIE DER ROMAN ENDETE.

„NA GUT, NOCH ZEHN MINUTEN. ABER DANN AB INS BAD UND ZÄHNE PUTZEN!", SAGTE LISAS MUTTER. LISA BEEILTE SICH MIT DEM LESEN. UND SIE WAR PÜNKTLICH FERTIG. SO EIN SPANNENDES BUCH HATTE SIE SCHON LANGE NICHT MEHR GEHABT.

lisa hatte gestern geburtstag gefeiert. ihre tante hatte ihr ein buch geschenkt. „der drache von istrila“ war der titel. lisa las gerne. sie verkroch sich dann immer in ihrem zimmer und las. heute war sonntag und lisa hatte noch nichts vor. also schnappte sie sich das buch und ging in ihr zimmer. sie legte sich auf das bett und begann zu lesen. seite für seite las lisa nun nacheinander. es war ein sehr spannendes buch.

am abend las lisa noch immer. es war mittlerweile schon dunkel geworden. in lisas zimmer brannte noch immer licht. da kam ihr vater herein und fragte: „lisa, willst du nicht so langsam mit dem lesen aufhören? morgen ist schule“.

doch lisa wollte nicht aufhören zu lesen. gegen 22 uhr kam lisas mutter zur zimmertür herein. „lisa, es wird zeit ins bett zu gehen!“, sagte sie.

„nur noch zehn minuten!“, antwortete lisa. lisa war schon auf seite 468. noch acht seiten und sie war fertig. sie musste unbedingt noch herausfinden, wie der roman endete.

„na gut, noch zehn minuten. aber dann ab ins bad und zähne putzen!“, sagte lisas mutter. lisa beeilte sich mit dem lesen. und sie war pünktlich fertig. so ein spannendes buch hatte sie schon lange nicht mehr gehabt.

VOLLER VORFREUDE ZOG BERNHARD SEINE HOSE UND SEINEN PULLOVER AN. HEUTE WÜRDEN ER, MAMA BÄR UND SEIN FREUND MAX INS KINO GEHEN. DAS HATTE SICH BERNHARD ZU SEINEM GEBURTSTAG GEWÜNSCHT UND NUN WAR ES SO WEIT. SIE STIEGEN IN DAS AUTO VON MAMA BÄR UND FUHREN LOS. EIN HALBE STUNDE FAHRT HATTEN SIE BIS ZUM PARKHAUS VOM KINO. DORT ANGEKOMMEN, FUHREN SIE MIT EINEM AUFZUG VOM PARKHAUS HOCH INS KINO. „ICH MÖCHTE POPCORN!“, SAGTE BERNHARD. „ICH AUCH!“, ERGÄNZTE MAX. ALSO GINGEN SIE, NACHDEM SIE DIE KARTEN FÜR DEN FILM GEHOLT HATTEN, ZU EINEM POPCORNSTAND. SIE KAUFTEN ZWEI GROSSE TÜTEN VOLL POPCORN, EINE FÜR BERNHARD UND EINE FÜR MAX. DANN GINGEN SIE ZU SAAL VIER, IN DEM SOLLTE IHR FILM LAUFEN. SIE SETZEN SICH AUF IHRE PLÄTZE UND WARTETEN AUF DEN FILM. EINE GANZE MENGE WERBUNG LIEF ZUNÄCHST. DOCH DANN WURDE ES DUNKEL UND DER FILM BEGANN. ES WAR EIN ZEICHENTRICKFILM. ER LIEF EINEINHALB STUNDEN. BERNHARD HATTE SCHON NACH EINER HALBEN STUNDE FAST DAS GANZE POPCORN AUFGEGESSEN. „BERNHARD, DU SOLLTEST DIR DAS POPCORN DOCH EINTEILEN!“, FLÜSTERTE MAMA BÄR. NACH DEM ENDE DES FILMS GINGS DAS LICHT IM SAAL WIEDER AN. BERNHARD UND MAX HATTE DER FILM GUT GEFALLEN. AUCH FÜR MAMA BÄR WAR DER FILM ETWAS, ER WAR NICHT LANGWEILIG. „WAS HALTET IHR DAVON, WENN WIR JETZT NOCH EIN BISSCHEN BUMMELN GEHEN? NEBENAN SIND VIELE GESCHÄFTE.“, SAGTE MAMA BÄR. BERNHARD UND MAX WAREN EINVERSTANDEN. SIE GINGEN

NOCH FÜR ZWEI STUNDEN ZU DEN GESCHÄFTEN UND FUHREN

ANSCHLIESSEND ERSCHÖPFT NACH HAUSE.

voller vorfreude zog bernhard seine hose und seinen pullover an. heute würden er, mama bär und sein freund max ins kino gehen. das hatte sich bernhard zu seinem geburtstag gewünscht und nun war es so weit. sie stiegen in das auto von mama bär und fuhren los. ein halbe stunde fahrt hatten sie bis zum parkhaus vom kino. dort angekommen, fuhren sie mit einem aufzug vom parkhaus hoch ins kino. „ich möchte popcorn!“, sagte bernhard. „ich auch!“, ergänzte max. also gingen sie, nachdem sie die karten für den film geholt hatten, zu einem popcornstand. sie kauften zwei grosse tüten voll popcorn, eine für bernhard und eine für max. dann gingen sie zu saal vier, in dem sollte ihr film laufen. sie setzen sich auf ihre plätze und warteten auf den film. eine ganze menge werbung lief zunächst. doch dann wurde es dunkel und der film begann. es war ein zeichentrickfilm. er lief eineinhalb stunden. bernhard hatte schon nach einer halben stunde fast das ganze popcorn aufgegessen. „bernhard, du solltest dir das popcorn doch einteilen!“, flüsterte mama bär. nach dem ende des films gings das licht im saal wieder an. bernhard und max hatte der film gut gefallen. auch für mama bär war der film etwas, er war nicht langweilig. „was haltet ihr davon, wenn wir jetzt noch ein bisschen bummeln gehen? nebenan sind viele geschäfte.“, sagte mama bär. bernhard und max waren einverstanden. sie gingen noch für zwei stunden zu den geschäften und fuhren anschliessend erschöpft nach hause.

„MAMA, DARF ICH DAS SPIEL HABEN? BITTE BITTE!“, SAGTE TOM ZU SEINER MUTTER. DOCH DIE WAR NICHT BEGEISTERT. „DAS SPIEL IST ERST AB 12 UND DU BIST ERST 11.“, ENTGEGNETE SIE. „ACH MAMA, DAS IST DOCH NUR EIN JAHR UNTERSCHIED!“, QUENGELTE TOM. TOM WÜNSCHTE SICH DIESES COMPUTERSPIEL SCHON SEHR LANGE. SEIT ZIEMLICH GENAU EINEM JAHR. ALLE SEINE FREUNDE HATTEN ES SCHON GESPIELT. NUR ER NICHT. DOCH TOMS MUTTER BLIEB HART. SIE KAUFTE IHM DAS SPIEL NICHT. AUF DEM HEIMWEG ÜBERLEGTE TOM, WIE ES WOHL WÄRE, WENN ER SICH DAS SPIEL EINFACH NAHM. EINFACH SO. ABER ER MUSSTE SICH EINGESTEHEN, DASS DAS KEINE SO GUTE IDEE WAR. ER WAR JA SCHLIESSLICH KEIN DIEB! DOCH DANN FIEL TOM EIN, DASS IHM SEINE OMA ZU OSTERN 50 EURO GESCHENKT HATTE. DAVON KÖNNTE ER SICH DAS SPIEL SELBST KAUFEN! ZUHAUSE ANGEKOMMEN, GING TOM DIREKT AUF SEIN ZIMMER. ER HOLTE SICH DIE 50 EURO UND ÜBERLEGTE NUN, WIE ER WIEDER IN DIE STADT KOMMEN KÖNNTE, UM DAS SPIEL ZU KAUFEN. ER GING ZUR TÜR HINAUS UND LIEF ZUR NÄCHSTEN BUSHALTESTELLE. DORT ANGEKOMMEN, STELLTE ER FEST, DASS DER NÄCHSTE BUS ERST IN EINER STUNDE FUHR. SO EIN PECH! ALSO WARTETE ER. EINE HALBE STUNDE SPÄTER HIELT EIN POLIZEIAUTO AN DER BUSHALTESTELLE AN. „JUNGER MANN, WAS MACHST DU HIER SO ALLEIN?“, FRAGTE DER EINE POLIZIST. „BIST DU TOM?“, FRAGTE DER ANDERE. DAS WAR ES NUN MIT TOMS KLEINEM AUSFLUG. DIE POLIZEI BRACHTE IHN NACH HAUSE. DORT ANGEKOMMEN, WAR SEINE MUTTER BEREITS KRANK VOR SORGE. SIE

HATTE TOMS VERSCHWINDEN GLEICH BEMERKT. „EIN GLÜCK IST DIR NICHTS PASSIERT!“, SAGTE SIE.

„mama, darf ich das spiel haben? bitte bitte!“, sagte tom zu seiner mutter. doch die war nicht begeistert. „das spiel ist erst ab 12 und du bist erst 11.“, entgegnete sie. „ach mama, das ist doch nur ein jahr unterschied!“, quengelte tom. tom wünschte sich dieses computerspiel schon sehr lange. seit ziemlich genau einem jahr. alle seine freunde hatten es schon gespielt. nur er nicht. doch toms mutter blieb hart. sie kaufte ihm das spiel nicht. auf dem heimweg überlegte tom, wie es wohl wäre, wenn er sich das spiel einfach nahm. einfach so. aber er musste sich eingestehen, dass das keine so gute idee war. er war ja schliesslich kein dieb! doch dann fiel tom ein, dass ihm seine oma zu ostern 50 euro geschenkt hatte. davon könnte er sich das spiel selbst kaufen! zuhause angekommen, ging tom direkt auf sein zimmer. er holte sich die 50 euro und überlegte nun, wie er wieder in die stadt kommen könnte, um das spiel zu kaufen. er ging zur tür hinaus und lief zur nächsten bushaltestelle. dort angekommen, stellte er fest, dass der nächste bus erst in einer stunde fuhr. so ein pech! also wartete er. eine halbe stunde später hielt ein polizeiauto an der bushaltestelle an. „junger mann, was machst du hier so allein?“, fragte der eine polizist. „bist du tom?“, fragte der andere. das war es nun mit toms kleinem ausflug. die polizei brachte ihn nach hause. dort angekommen, war seine mutter bereits krank vor sorge. sie hatte toms verschwinden gleich bemerkt. „ein glück ist dir nichts passiert!“, sagte sie.

DIE BLUMEN FANGEN AN ZU BLÜHEN. BERNHARD FREUT SICH TOTAL. ENDLICH WIRD ES FRÜHLING. „DARF ICH IN DEN GARTEN GEHEN UND BLUMEN UMTOPFEN?“, FRAGT ER MAMA BÄR. „NATÜRLICH MEIN SCHATZ.“, ANTWORTET MAMA BÄR.

BERNHARD GEHT NACH DRAUSSEN. SEINE LIEBLINGSBLUME, EINE ALOE VERA, IST SCHON GANZ SCHÖN GEWACHSEN UND MUSS IN EINEN NEUEN, GRÖSSEREN TOPF. BERNHARD MACHT SICH AN DIE ARBEIT. ER HOLT SICH EINEN GRÖSSEREN TOPF, PLATZIERT DORT DIE ALOE VERA UND BEDECKT SIE MIT ERDE.

NUN HAT ER GANZ DRECKIGE FINGER. DER DRECK IST BIS UNTER SEINE FINGERNÄGEL GEKROCHEN. BERNHARD GEHT WIEDER INS HAUS UND WÄSCHT SICH DIE HÄNDE. ES DAUERT BESTIMMT ZEHN MINUTEN, BIS SEINE HÄNDE WIEDER KOMPLETT SAUBER SIND.

DANN GEHT BERNHARD WIEDER IN DEN GARTEN. ER MÖCHTE NOCH EIN BISSCHEN DIE FRISCHE FRÜHLINGSLUFT GENIESSEN. IM GARTEN IST AUCH EINE SCHAUKEL. BERNHARD HAT SCHON LANGE NICHT MEHR DARAUF GESESSEN. IMMER WAR ES ZU KALT ODER ZU NASS ODER BEIDES. NUN, DA ES FRÜHLING WIRD, KANN BERNHARD WIEDER SCHAUKELN. ER SETZT SICH AUF DIE SCHAUKEL UND SCHAUKELT HIN UND HER. NUN WIRD ES WIRKLICH FRÜHLING.

die blumen fangen an zu blühen. bernhard freut sich total. endlich wird es frühling. „darf ich in den garten gehen und blumen umtopfen?“, fragt er mama bär. „natürlich mein schatz.“, antwortet mama bär.

bernhard geht nach draussen. seine lieblingsblume, eine aloe vera, ist schon ganz schön gewachsen und muss in einen neuen, grösseren topf. bernhard macht sich an die arbeit. er holt sich einen grösseren topf, platziert dort die aloe vera und bedeckt sie mit erde.

nun hat er ganz dreckige finger. der dreck ist bis unter seine fingernägel gekrochen. bernhard geht wieder ins haus und wäscht sich die hände. es dauert bestimmt zehn minuten, bis seine hände wieder komplett sauber sind.

dann geht bernhard wieder in den garten. er möchte noch ein bisschen die frische frühlingsluft geniessen. im garten ist auch eine schaukel. bernhard hat schon lange nicht mehr darauf gesessen. immer war es zu kalt oder zu nass oder beides. nun, da es frühling wird, kann bernhard wieder schaukeln. er setzt sich auf die schaukel und schaukelt hin und her. nun wird es wirklich frühling.

HEUTE WÜRDE TANJA, EINE SCHÜLERIN DER 8. KLASSE, ZUM ERSTEN MAL AUF EINE PARTY GEHEN. OLE, EIN SCHÜLER AUS DER 10. KLASSE, HATTE SIE EINGELADEN. ES WÜRDEN BESTIMMT EINIGE SCHÜLER DA SEIN, DIE ÄLTER SIND ALS SIE. TANJA WAR NUN SCHON SEIT ZWEI STUNDEN IM BAD. ALS SIE FERTIG GESTYLT WAR, KAM DIE SCHWIERIGSTE ALLER FRAGEN: „WAS ZIEHE ICH NUR AN?“. TANJA DACHTE LAUT, SODASS IHRE MUTTER SIE HÖRTE. „WENN DU MICH FRAGST, DU SOLLTEST DAS BLAUE KLEID NEHMEN!“, SAGTE TANJAS MUTTER.

DREI STUNDEN SPÄTER WAR ES SOWEIT. TANJA WAR BEI OLE ZUHAUSE. ES WAREN SCHON MINDESTENS 15 LEUTE DA. TANJA KANNTE VIELE VOM SEHEN HER AUS DER SCHULE. SIE ENTDECKTE SVENJA. SVENJA GING IN TANJAS KLASSE. SIE VERSTANDEN SICH GUT. ALSO GING TANJA ZU SVENJA HINÜBER. „HALLO SVENJA, SCHÖN DICH HIER ZU SEHEN! WIE LANGE BIST DU SCHON DA?“, FRAGTE TANJA. SVENJA ANTWORTETE: „HALLO TANJA, FREUT MICH, DASS DU AUCH EINGELADEN WURDEST! DA KÖNNEN WIR JETZT EIN BISSCHEN ZUSAMMEN FEIERN. ICH BIN ERST VOR 20 MINUTEN HERGEKOMMEN“. “HI TANJA“, RIEF OLE. TANJA WINKTE OLE ZU. „IN DER KÜCHE STEHEN COLA UND PIZZA!“, SAGTE OLE.

DAS LIESSEN SICH TANJA UND SVENJA NICHT ZWEIMAL SAGEN. SIE GINGEN IN DIE KÜCHE UND ASSEN VON DER PIZZA.

DER ABEND WURDE LANG, DOCH GEGEN 10 UHR WOLLTEN TANJAS ELTERN VOR OLES HAUS PARKEN, UM SIE ABZUHOLEN. TANJA

VERABSCHIEDETE SICH. SIE HOFFTE, BALD WIEDER AUF SO EINE TOLLE PARTY EINGELADEN ZU WERDEN.

heute würde tanja, eine schülerin der 8. klasse, zum ersten mal auf eine party gehen. ole, ein schüler aus der 10. klasse, hatte sie eingeladen. es würden bestimmt einige schüler da sein, die älter sind als sie. tanja war nun schon seit zwei stunden im bad. als sie fertig gestylt war, kam die schwierigste aller fragen: „was ziehe ich nur an?". tanja dachte laut, sodass ihre mutter sie hörte. „wenn du mich fragst, du solltest das blaue kleid nehmen!", sagte tanjas mutter.

drei stunden später war es soweit. tanja war bei ole zuhause. es waren schon mindestens 15 leute da. tanja kannte viele vom sehen her aus der schule. sie entdeckte svenja. svenja ging in tanjas klasse. sie verstanden sich gut. also ging tanja zu svenja hinüber. „hallo svenja, schön dich hier zu sehen! wie lange bist du schon da?", fragte tanja. svenja antwortete: „hallo tanja, freut mich, dass du auch eingeladen wurdest! da können wir jetzt ein bisschen zusammen feiern. ich bin erst vor 20 minuten hergekommen". "hi tanja", rief ole. tanja winkte ole zu. „in der küche stehen cola und pizza!", sagte ole.

das liessen sich tanja und svenja nicht zweimal sagen. sie gingen in die küche und assen von der pizza.

der abend wurde lang, doch gegen 10 uhr wollten tanjas eltern vor oles haus parken, um sie abzuholen. tanja verabschiedete sich. sie hoffte, bald wieder auf so eine tolle party eingeladen zu werden.

BERNHARD FÜHLTE SICH GAR NICHT GUT. ER WAR SEHR ERKÄLTET. GESTERN SPIELTE ER NOCH FREUDIG MIT SEINEN SPIELKAMERADEN UND NUN LAG ER IM BETT UND HUSTETE. SEINE NASE WAR GESCHWOLLEN UND SIE LIEF UNUNTERBROCHEN. DOCH ETWAS GUTES HATTE DAS GANZE. DENN BERNHARD MUSSTE HEUTE NICHT ZU SCHULE. MAMA BÄR HATTE IHM ERLAUBT, SO VIEL FERNZUSEHEN, WIE ER WOLLTE. UND SIE KOCHTE HEUTE SEIN LIEBLINGSGERICHT: LASAGNE. BERNHARD STAND AUF UND GING ZUM FERNSEHER. ER SCHAUTE SICH DAS KINDERPROGRAMM AN. DOCH NACH EINER STUNDE UNUNTERBROCHENEM FERNSEHEN BEGANN BERNHARD SICH SCHRECKLICH ZU LANGWEILEN. „LIES EIN BUCH!“, SAGTE MAMA BÄR. DAS WAR EINE GUTE IDEE. BERNHARD GING IN SEIN KINDERZIMMER, LEGTE SICH AUF DAS BETT UND BEGANN ZU LESEN. ES WAR EIN SPANNENDES BUCH, VOLL VON ZAUBERERN UND MAGIE. „BERNHARD, ES GIBT MITTAGESSEN!“, RIEF MAMA BÄR VON UNTEN. DOCH BERNHARD WOLLTE NICHT AUFHÖREN ZU LESEN. ES WAR EINFACH ZU SPANNEND. „BERNHARD, DAS ESSEN WIRD KALT!“, SAGTE MAMA BÄR. SIE WAR MITTLERWEILE NACH OBEN GEKOMMEN UND STAND DIREKT NEBEN BERNHARD. DA SCHRAK BERNHARD AUF. „OK, MAMA BÄR, ABER NACH DEM ESSEN LESE ICH WEITER!“.

bernhard fühlte sich gar nicht gut. er war sehr erkältet. gestern spielte er noch freudig mit seinen spielkameraden und nun lag er im bett und hustete. seine nase war geschwollen und sie lief ununterbrochen. doch etwas gutes hatte das ganze. denn bernhard musste heute nicht zu schule. mama bär hatte ihm erlaubt, so viel fernzusehen, wie er wollte. und sie kochte heute sein lieblingsgericht: lasagne. bernhard stand auf und ging zum fernseher. er schaute sich das kinderprogramm an. doch nach einer stunde ununterbrochenem fernsehen begann bernhard sich schrecklich zu langweilen. „lies ein buch!“, sagte mama bär. das war eine gute idee. bernhard ging in sein kinderzimmer, legte sich auf das bett und begann zu lesen. es war ein spannendes buch, voll von zauberern und magie. „bernhard, es gibt mittagessen!“, rief mama bär von unten. doch bernhard wollte nicht aufhören zu lesen. es war einfach zu spannend. „bernhard, das essen wird kalt!“, sagte mama bär. sie war mittlerweile nach oben gekommen und stand direkt neben bernhard. da schrak bernhard auf. „ok, mama bär, aber nach dem essen lese ich weiter!“.

BERNHARD FREUT SICH SEHR. DENN ES IST SOMMER. ER KANN NUN INS SCHWIMMBAD GEHEN. UND DAS MACHT ER HEUTE AUCH. DIREKT NACH DER SCHULE FÄHRT ER NACH HAUSE, UM SEINE SCHWIMMSACHEN ZU HOLEN. IM SCHWIMMBAD ANGEKOMMEN, ZIEHT ER SEINE BADEHOSE AN UND ES KANN LOSGEHEN. BERNHARD SPRINGT INS WASSER. „NICHT VOM BECKENRAND SPRINGEN!“, RUFT DER BADEMEISTER. DOCH BERNHARD IST BEREITS IM WASSER. DA KOMMT AUCH SCHON SEIN KUMPEL MIRAN AUF IHN ZU GESCHWOMMEN. „HALLO MIRAN!“, RUFT BERNHARD FREUDIG.

ZUSAMMEN SCHWIMMEN SIE BAHN FÜR BAHN. BERNHARD IST EIN GUTER SCHWIMMER. MIRAN AUCH. SIE SIND SEHR SCHNELL.

„LOS, LASS UNS ZUR RUTSCHE GEHEN!“, RUFT MIRAN ZU BERNHARD. DAS IST EINE GUTE IDEE. GEMEINSAM GEHEN SIE NUN ZUR RUTSCHE. ES MACHT IHNEN GROSSEN SPASS.

SIE RUTSCHEN DIE LANGE RUTSCHE HERUNTER. UND DANN NOCH EINMAL UND NOCH EINMAL. EINE HALBE STUNDE SPÄTER SIND BEIDE SEHR ERSCHÖPFT. SIE BESCHLIESSEN, SICH NUN AUF DER WIESE AUSZURUHEN.

bernhard freut sich sehr. denn es ist sommer. er kann nun ins schwimmbad gehen. und das macht er heute auch. direkt nach der schule fährt er nach hause, um seine schwimmsachen zu holen. im schwimmbad angekommen, zieht er seine badehose an und es kann losgehen. bernhard springt ins wasser. „nicht vom beckenrand springen!“, ruft der bademeister. doch bernhard ist bereits im wasser. da kommt auch schon sein kumpel miran auf ihn zu geschwommen. „hallo miran!“, ruft bernhard freudig.

zusammen schwimmen sie bahn für bahn. bernhard ist ein guter schwimmer. miran auch. sie sind sehr schnell.

„los, lass uns zur rutsche gehen!“, ruft miran zu bernhard. das ist eine gute idee. gemeinsam gehen sie nun zur rutsche. es macht ihnen grossen spass.

sie rutschen die lange rutsche herunter. und dann noch einmal und noch einmal. eine halbe stunde später sind beide sehr erschöpft. sie beschliessen, sich nun auf der wiese auszuruhen.

LÖSUNGEN

Bernhard wachte heute schon um sechs Uhr auf. Sonst schlief er immer bis um acht. „Warum bin ich denn so früh wach?“, fragte er sich. Kein Wunder, er hatte den Hahn gehört, den die neuen Nachbarn hatten. „So so, da muss ich mich doch beschweren, sonst wache ich jetzt immer so früh auf!“, sagte er sich. Also wartete er, bis nebenan das Licht die Fenster erhellte, putzte seine Zähne und zog sich an. Er ging zu den neuen Nachbarn. „Guten Tag, ich bin Bernhard der Bär.“, stellte er sich vor. Die Nachbarn, ein junges Ehepaar, begrüßten ihn freundlich. „Hallo Bernhard! Ich bin Jonas und das ist meine Frau Sophia.“, stellten sich die neuen Nachbarn vor. Gerade wollte Bernhard sich über den Hahn beschweren, da kam ihm Jonas zuvor: „Wir wollen gerade frühstücken. Komm doch herein und frühstücke mit uns! Es ist genug da.“. Da konnte Bernhard nicht widerstehen. Er ging hinein zu Jonas und Sophia und sie unterhielten sich den ganzen Morgen. Erst gegen halb zwölf machte sich Bernhard der Bär auf den Heimweg. Es war ein gelungenes Frühstück.

Es war einmal ein kleiner Fisch. Er hatte keinen Namen. Das war frustrierend für ihn, denn alle anderen Fische in seinem Becken hatten einen Namen. Karl, Susi, Jenny und so weiter. Nur er, der kleine Fische, hatte keinen.

Der kleine Fisch langweilte sich sehr. Das Becken, in dem er lebte, kannte er schon auswendig. Jede noch so kleine Ecke kannte er.

Er ahnte noch nicht, dass er bald umziehen würde.

Eines Tages kam ein Junge an das Becken, man konnte ihn durch das Glas sehen. Er hatte ein Netz dabei. Da bekam der kleine Fisch es mit der Angst zu tun. Wollte man ihn etwa fangen? Und womöglich essen?

Doch der Junge gab nicht auf, immer wieder versuchte er, den kleinen Fisch zu erwischen. Und dann, eine halbe Stunde später, hatte er ihn.

Der kleine Fisch wurde in eine Tüte mit Wasser gegeben.

Dann wurde es dunkel für den kleinen Fisch.

Eine Stunde später drang wieder Licht durch die Plastiktüte. Wow, war das ein großes Becken da vorne! Und tatsächlich, der kleine Fisch wurde in das große Becken umgesiedelt. Und dann, der kleine Fisch konnte sein Glück kaum fassen, sagte der Junge: „Dich nenne ich Herbert!“

Bernhard saß vor dem Fernseher. Er schaute gerade den Wetterbericht. Morgen sollte ein heftiger Sturm aufziehen. Bernhard war froh, dass er morgen nicht aus dem Haus musste. Heute war Samstag und dann war ja morgen Sonntag. Er ging ins Bad, putzte seine Zähne und ging ins Bett. Vor dem Einschlafen zählte er Schafe. Eins, zwei, drei, vier,... Bernhard träumte von einem Tag im Zoo. Sollte er vielleicht morgen doch aus dem Haus, zum Zoo?

Am nächsten Morgen beschloss Bernhard, doch zum Zoo zu fahren. Er verabredet sich dort mit Lilly, seiner besten Freundin. Er frühstückte, zog sich seinen Regenmantel an und nahm den Regenschirm mit. Schließlich sollte es stürmen. Und tatsächlich. Es stürmte und stürmte. Als Bernhard im Bus saß, zählte er die Regentropfen an der Fensterscheibe.

Im Zoo angekommen, sah er Lilly. Sie war schon ganz nass, sodass Bernhard ihr anbot, mit unter seinen Schirm zu kommen. Sie liefen zusammen durch den Zoo. Doch dann plötzlich flog der Schirm weg. Ohje. Was sollten sie nun machen? Im Zoo war nichts überdacht! Sie liefen zur Bushaltestelle zurück und warteten, bis der Bus kam. Bei diesem Wetter wollten sie nun doch lieber wieder zurück nach Hause.

Mr. Schnuffi langweilte sich. Draußen war schlechtes Wetter. Es regnete und stürmte. Er blieb also erst einmal drinnen. Plötzlich hörte er ein Geräusch. Was war das? War das etwa eine Maus? Mr. Schnuffi stand auf und folgte dem Geräusch. Da, hinter der Kommode, da musste die Maus sein! Mr. Schnuffi wartete geduldig. Es lauerte, ob sich denn die Maus einmal zeigen würde. Eine Stunde stand er da und wartete. Er konnte die Maus hören, aber sie zeigte sich einfach nicht. Doch plötzlich rannte die Maus los. Sie rannte schnell an ihm vorbei. Doch auch Mr. Schnuffi war schnell. Er drehte sich um und rannte der Maus hinterher. Sie rannte unter das Bett. Doch auch dort konnte Mr. Schnuffi ihr folgen. Und dann, kurz bevor die Maus sich hinter einem Kleiderschrank verstecken konnte, erwischte Mr. Schnuffi die Maus. „Bitte lieber Kater, lass mich am Leben!“, flehte die Maus. Mr. Schnuffi wollte jedoch nur mit der Maus spielen. Er war noch so satt von dem Essen, das ihm sein Frauchen immer gab. Er ließ die Maus fallen und versuchte erneut, sie zu fangen. Doch da war es zu spät, die Maus war hinter dem Kleiderschrank.

Bernhard war schon sehr aufgeregt. Morgen würden sie mit der Schule einen Ausflug machen. Bernhard versuchte bereits seit einer Stunde einzuschlafen. Doch es funktionierte nicht. Zu sehr freute er sich auf die Wanderung mit seiner Klasse am nächsten Tag. „Mama Bär, ich kann nicht einschlafen!“, sagte Bernhard zu seiner Mama. „Ich mache dir eine heiße Schokolade und lese dir noch eine Geschichte vor, in Ordnung?“, antwortete Mama Bär. Und so trank Bernhard seine heiße Schokolade und als seine Mama ihm die Geschichte vorlas, schlief er tief und fest ein.

Am nächsten Morgen wachte Bernhard von allein auf. Das war sonst nie der Fall. Sonst musste er immer geweckt werden. Der Schulausflug! Schnell zog Bernhard sich um und ging zum Frühstück. Er packte noch schnell seine Verpflegung für den Tag ein und ging los zur Schule. Dort angekommen fuhren sie in einem Bus zum Zielort und wanderten über Stunden.

Abends kam Bernhard der Bär völlig erschöpft wieder nach Hause.

Melissa war neugierig. Heute würde sie zum ersten Mal mit dem Zug fahren. Sie würde zu Oma Elsbeth nach Hamburg fahren. Ihre Mutter begleitete Melissa bis nach Frankfurt an den Bahnhof. Dort gingen sie zu einem Fahrkartenautomaten. Melissas Mutter zog eine Fahrkarte für die Strecke von Frankfurt nach Hamburg. Dann begleitete sie Melissa zum Gleis 8. Dort warteten sie. Dann kam der Zug angefahren. Melissa war ganz aufgeregt. Ihre Mutter sagte, dass sie nun einsteigen könne. Melissa hatte einen schweren Koffer dabei. Sie hatte alles eingepackt, was sie in den nächsten zwei Wochen gebrauchen konnte. Melissas Mutter half ihr mit dem Gepäck. Im Zug setzte Melissa sich auf einen freien Platz. Sie winkte ihrer Mutter zu und Mutter winkte von draußen zurück. Dann fuhr der Zug langsam los. Melissa sah draußen die Felder und Wiesen vorbeiziehen. Und der Zug wurde immer schneller. In Melissas Abteil waren noch mehr Kinder. Die meisten waren mit ihren Eltern da. Sie waren noch zu klein, um allein mit dem Zug zu fahren. Dann entdeckte Melissa einen Jungen. Er sah aus, als sei er in ihrem Alter. Ob sie sich trauen sollte, ihn anzusprechen? „Hallo. Ich bin Melissa. Und wer bist du?“, fragte sie schließlich den Jungen. „Ich heiße Tom.“, antwortete der Junge. Und so unterhielten sie sich die ganze Zugfahrt über. Melissa wurde nie langweilig.

Bernhard war aufgeregt. Heute hatte er zum ersten Mal Hausaufgaben in der Schule aufbekommen. Ob er die wohl allein machen kann? Oder sollte er Mama Bär fragen, ob sie ihm hilft?

Bernhard beschloss, es erst einmal allein zu versuchen. Er hatte Hausaufgaben in Mathe. Zwei plus eins, das konnte er locker ausrechnen. Doch was war denn nun sieben plus zwei? Mmh… Vor Bernhard auf dem Tisch lagen Äpfel. Er zählte einzeln: Eins, zwei, drei, vier, fünf, sechs, sieben. Dann zählte er wieder: Eins, zwei. Nun nahm er alle Äpfel und zählte sie zusammen: Eins, zwei, drei, vier, fünf, sechs, sieben, acht, neun. Neun, neun war also die Antwort. Mit Hilfe der Äpfel konnte Bernhard alle Aufgaben lösen.

Am nächsten Tag wurde Bernhard in der Schule von seiner Mathelehrerin gelobt. Er hatte alle Aufgaben der Hausaufgaben richtig beantwortet.

Sven kam heute mit einem schmerzenden Fuß aus der Schule. Er hatte sich beim Spielen verletzt. „Da müssen wir zum Arzt und dich untersuchen lassen.“, sagte seine Mutter. Sie gingen zum Auto. Sven humpelte.

Beim Arzt angekommen, mussten Sven und seine Mutter im Wartezimmer Platz nehmen. Sven langweilte sich schrecklich. So warteten sie nun über eine halbe Stunde. Doch dann wurden sie aufgerufen. Sven humpelte zum Arztzimmer.

Der Arzt schaute sich den Fuß von Sven genau an. „Wahrscheinlich ist er nur verstaucht.“, sagte er schließlich. Doch zur Sicherheit sollte Sven noch geröntgt werden. Dazu musste er ins Krankenhaus.

Sie fuhren nun also zum Krankenhaus. Nachdem sie sich dort angemeldet hatten, mussten sie wieder eine Weile warten. „Mama, mir ist langweilig!“, sagte Sven zu seiner Mutter. Doch schließlich wurden sie aufgerufen und Sven wurde geröntgt.

„Es ist nichts gebrochen.“, hörte Sven die Ärztin nach einer ganzen Weile sagen. So ein Glück. Sven konnte wieder nach Hause.

Heute würde es ein schöner Tag werden. Bernhard würde mit Mama Bär einkaufen gehen. So richtig in der Stadt. Bernhard würde sich heute sogar ein Geschenk aussuchen dürfen. Von unten rief Mama Bär: „Bernhard, kommst du? Es ist schon elf Uhr und wir wollen losfahren.“ Bernhard musste sich nun beeilen. Schnell zog er seine Schuhe an.

Auf der Fahrt in die Stadt war Bernhard voller Erwartungen. Er döste vor sich hin oder hörte Musik mit seinen Kopfhörern. Um zwölf Uhr war es soweit. Sie fuhren in ein Parkhaus. Dort angekommen, stiegen sie aus und liefen die Treppen hoch in die Stadt. Überall waren Geschäfte. Bernhard sah eine schöne Sache nach der anderen. „Darf ich mir hier etwas aussuchen?“, fragte Bernhard. Er stand vor einem Spielwarengeschäft. „Natürlich.“, antwortete Mama Bär. Das hatte Mama Bär ihm schließlich versprochen.

Bernhard konnte sich kaum entscheiden. Doch schließlich wusste er, was er wollte. Ein ferngesteuertes Auto sollte es sein. „Wow!“, rief Bernhard. Er war begeistert.

Bernhard und Mama Bär schlenderten noch eine Weile durch die Stadt. Sie kauften noch etwas zum Anziehen. Nachmittags fuhren sie zurück. Bernhard schlief glücklich auf dem Rückweg ein.

Lisa hatte gestern Geburtstag gefeiert. Ihre Tante hatte ihr ein Buch geschenkt. „Der Drache von Istrila“ war der Titel. Lisa las gerne. Sie verkroch sich dann immer in ihrem Zimmer und las. Heute war Sonntag und Lisa hatte noch nichts vor. Also schnappte sie sich das Buch und ging in ihr Zimmer. Sie legte sich auf das Bett und begann zu lesen. Seite für Seite las Lisa nun nacheinander. Es war ein sehr spannendes Buch.

Am Abend las Lisa noch immer. Es war mittlerweile schon dunkel geworden. In Lisas Zimmer brannte noch immer Licht. Da kam ihr Vater herein und fragte: „Lisa, willst du nicht so langsam mit dem Lesen aufhören? Morgen ist Schule“.

Doch Lisa wollte nicht aufhören zu lesen. Gegen 22 Uhr kam Lisas Mutter zur Zimmertür herein. „Lisa, es wird Zeit ins Bett zu gehen!“, sagte sie.

„Nur noch zehn Minuten!“, antwortete Lisa. Lisa war schon auf Seite 468. Noch acht Seiten und sie war fertig. Sie musste unbedingt noch herausfinden, wie der Roman endete.

„Na gut, noch zehn Minuten. Aber dann ab ins Bad und Zähne putzen!“, sagte Lisas Mutter. Lisa beeilte sich mit dem Lesen. Und sie war pünktlich fertig. So ein spannendes Buch hatte sie schon lange nicht mehr gehabt.

Voller Vorfreude zog Bernhard seine Hose und seinen Pullover an. Heute würden er, Mama Bär und sein Freund Max ins Kino gehen. Das hatte sich Bernhard zu seinem Geburtstag gewünscht und nun war es so weit. Sie stiegen in das Auto von Mama Bär und fuhren los. Ein halbe Stunde Fahrt hatten sie bis zum Parkhaus vom Kino. Dort angekommen, fuhren sie mit einem Aufzug vom Parkhaus hoch ins Kino. „Ich möchte Popcorn!“, sagte Bernhard. „Ich auch!“, ergänzte Max. Also gingen sie, nachdem sie die Karten für den Film geholt hatten, zu einem Popcornstand. Sie kauften zwei große Tüten voll Popcorn, eine für Bernhard und eine für Max. Dann gingen sie zu Saal vier, in dem sollte ihr Film laufen. Sie setzen sich auf ihre Plätze und warteten auf den Film. Eine ganze Menge Werbung lief zunächst. Doch dann wurde es dunkel und der Film begann. Es war ein Zeichentrickfilm. Er lief eineinhalb Stunden. Bernhard hatte schon nach einer halben Stunde fast das ganze Popcorn aufgegessen. „Bernhard, du solltest dir das Popcorn doch einteilen!“, flüsterte Mama Bär. Nach dem Ende des Films gings das Licht im Saal wieder an. Bernhard und Max hatte der Film gut gefallen. Auch für Mama Bär war der Film etwas, er war nicht langweilig. „Was haltet ihr davon, wenn wir jetzt noch ein bisschen bummeln gehen? Nebenan sind viele Geschäfte.“, sagte Mama Bär. Bernhard und Max waren einverstanden. Sie gingen noch für zwei Stunden zu den Geschäften und fuhren anschließend erschöpft nach Hause.

„Mama, darf ich das Spiel haben? Bitte bitte!“, sagte Tom zu seiner Mutter. Doch die war nicht begeistert. „Das Spiel ist erst ab 12 und du bist erst 11.“, entgegnete sie. „Ach Mama, das ist doch nur ein Jahr Unterschied!“, quengelte Tom. Tom wünschte sich dieses Computerspiel schon sehr lange. Seit ziemlich genau einem Jahr. Alle seine Freunde hatten es schon gespielt. Nur er nicht. Doch Toms Mutter blieb hart. Sie kaufte ihm das Spiel nicht. Auf dem Heimweg überlegte Tom, wie es wohl wäre, wenn er sich das Spiel einfach nahm. Einfach so. Aber er musste sich eingestehen, dass das keine so gute Idee war. Er war ja schließlich kein Dieb! Doch dann fiel Tom ein, dass ihm seine Oma zu Ostern 50 Euro geschenkt hatte. Davon könnte er sich das Spiel selbst kaufen! Zuhause angekommen, ging Tom direkt auf sein Zimmer. Er holte sich die 50 Euro und überlegte nun, wie er wieder in die Stadt kommen könnte, um das Spiel zu kaufen. Er ging zur Tür hinaus und lief zur nächsten Bushaltestelle. Dort angekommen, stellte er fest, dass der nächste Bus erst in einer Stunde fuhr. So ein Pech! Also wartete er. Eine halbe Stunde später hielt ein Polizeiauto an der Bushaltestelle an. „Junger Mann, was machst du hier so allein?“, fragte der eine Polizist. „Bist du Tom?“, fragte der andere. Das war es nun mit Toms kleinem Ausflug. Die Polizei brachte ihn nach Hause. Dort angekommen, war seine Mutter bereits krank vor Sorge. Sie hatte Toms Verschwinden gleich bemerkt. „Ein Glück ist dir nichts passiert!“, sagte sie.

Die Blumen fangen an zu blühen. Bernhard freut sich total. Endlich wird es Frühling. „Darf ich in den Garten gehen und Blumen umtopfen?“, fragt er Mama Bär. „Natürlich mein Schatz.“, antwortet Mama Bär.

Bernhard geht nach draußen. Seine Lieblingsblume, eine Aloe Vera, ist schon ganz schön gewachsen und muss in einen neuen, größeren Topf. Bernhard macht sich an die Arbeit. Er holt sich einen größeren Topf, platziert dort die Aloe Vera und bedeckt sie mit Erde.

Nun hat er ganz dreckige Finger. Der Dreck ist bis unter seine Fingernägel gekrochen. Bernhard geht wieder ins Haus und wäscht sich die Hände. Es dauert bestimmt zehn Minuten, bis seine Hände wieder komplett sauber sind.

Dann geht Bernhard wieder in den Garten. Er möchte noch ein bisschen die frische Frühlingsluft genießen. Im Garten ist auch eine Schaukel. Bernhard hat schon lange nicht mehr darauf gesessen. Immer war es zu kalt oder zu nass oder beides. Nun, da es Frühling wird, kann Bernhard wieder schaukeln. Er setzt sich auf die Schaukel und schaukelt hin und her. Nun wird es wirklich Frühling.

Heute würde Tanja, eine Schülerin der 8. Klasse, zum ersten Mal auf eine Party gehen. Ole, ein Schüler aus der 10. Klasse, hatte sie eingeladen. Es würden bestimmt einige Schüler da sein, die älter sind als sie. Tanja war nun schon seit zwei Stunden im Bad. Als sie fertig gestylt war, kam die schwierigste aller Fragen: „Was ziehe ich nur an?“. Tanja dachte laut, sodass ihre Mutter sie hörte. „Wenn du mich fragst, du solltest das blaue Kleid nehmen!“, sagte Tanjas Mutter.

Drei Stunden später war es soweit. Tanja war bei Ole zuhause. Es waren schon mindestens 15 Leute da. Tanja kannte viele vom Sehen her aus der Schule. Sie entdeckte Svenja. Svenja ging in Tanjas Klasse. Sie verstanden sich gut. Also ging Tanja zu Svenja hinüber. „Hallo Svenja, schön dich hier zu sehen! Wie lange bist du schon da?“, fragte Tanja. Svenja antwortete: „Hallo Tanja, freut mich, dass du auch eingeladen wurdest! Da können wir jetzt ein bisschen zusammen feiern. Ich bin erst vor 20 Minuten hergekommen“. “Hi Tanja“, rief Ole. Tanja winkte Ole zu. „In der Küche stehen Cola und Pizza!“, sagte Ole.

Das ließen sich Tanja und Svenja nicht zweimal sagen. Sie gingen in die Küche und aßen von der Pizza.

Der Abend wurde lang, doch gegen 10 Uhr wollten Tanjas Eltern vor Oles Haus parken, um sie abzuholen. Tanja verabschiedete sich. Sie hoffte, bald wieder auf so eine tolle Party eingeladen zu werden.

Bernhard fühlte sich gar nicht gut. Er war sehr erkältet. Gestern spielte er noch freudig mit seinen Spielkameraden und nun lag er im Bett und hustete. Seine Nase war geschwollen und sie lief ununterbrochen. Doch etwas Gutes hatte das Ganze. Denn Bernhard musste heute nicht zu Schule. Mama Bär hatte ihm erlaubt, so viel fernzusehen, wie er wollte. Und sie kochte heute sein Lieblingsgericht: Lasagne. Bernhard stand auf und ging zum Fernseher. Er schaute sich das Kinderprogramm an. Doch nach einer Stunde ununterbrochenem Fernsehen begann Bernhard sich schrecklich zu langweilen. „Lies ein Buch!“, sagte Mama Bär. Das war eine gute Idee. Bernhard ging in sein Kinderzimmer, legte sich auf das Bett und begann zu lesen. Es war ein spannendes Buch, voll von Zauberern und Magie. „Bernhard, es gibt Mittagessen!“, rief Mama Bär von unten. Doch Bernhard wollte nicht aufhören zu lesen. Es war einfach zu spannend. „Bernhard, das Essen wird kalt!“, sagte Mama Bär. Sie war mittlerweile nach oben gekommen und stand direkt neben Bernhard. Da schrak Bernhard auf. „Ok, Mama Bär, aber nach dem Essen lese ich weiter!“.

Bernhard freut sich sehr. Denn es ist Sommer. Er kann nun ins Schwimmbad gehen. Und das macht er heute auch. Direkt nach der Schule fährt er nach Hause, um seine Schwimmsachen zu holen. Im Schwimmbad angekommen, zieht er seine Badehose an und es kann losgehen. Bernhard springt ins Wasser. „Nicht vom Beckenrand springen!“, ruft der Bademeister. Doch Bernhard ist bereits im Wasser. Da kommt auch schon sein Kumpel Miran auf ihn zu geschwommen. „Hallo Miran!“, ruft Bernhard freudig.

Zusammen schwimmen Sie Bahn für Bahn. Bernhard ist ein guter Schwimmer. Miran auch. Sie sind sehr schnell.

„Los, lass uns zur Rutsche gehen!“, ruft Miran zu Bernhard. Das ist eine gute Idee. Gemeinsam gehen sie nun zur Rutsche. Es macht ihnen großen Spaß.

Sie rutschen die lange Rutsche herunter. Und dann noch einmal und noch einmal. Eine halbe Stunde später sind beide sehr erschöpft. Sie beschließen, sich nun auf der Wiese auszuruhen.

Printed in Poland
by Amazon Fulfillment
Poland Sp. z o.o., Wrocław

74000508R00034